KAHLIL GIBRAN
Geheimnisse des Herzens

KAHLIL GIBRAN

Geheimnisse des Herzens

Walter-Verlag
Olten und Freiburg im Breisgau

Die Texte sind entnommen aus
«Secrets of the Heart»
© 1975 by Philosophical Library, Inc., New York

Die Übersetzung besorgte
Eva Hirsch

Alle Rechte der deutschen Ausgabe vorbehalten
© Walter-Verlag AG, Olten 1979
Gesamtherstellung in den grafischen Betrieben
des Walter-Verlags
Printed in Switzerland

ISBN 3-530-26723-6

INHALTSVERZEICHNIS

Der Sturm
7

Die Seejungfrauen
32

Ihr und wir
36

Der Dichter
43

Die Geheimnisse des Herzens
48

Der Gekreuzigte
55

Gedanken der Traurigkeit
62

DER STURM

I

Jussuf El Fachri war dreißig Jahre alt, als er sich aus
der Gesellschaft zurückzog und fortging, um in
einer abgelegenen Einsiedelei nahe dem Kedischa-
Tal im Nordlibanon zu leben. In den umliegenden
Dörfern hörte man verschiedene Geschichten
über Jussuf. Die einen erzählten, daß er aus einer
reichen, vornehmen Familie war und eine Frau
geliebt habe, die ihn betrog, und darin der Grund
für sein einsames Leben lag. Andere sagten, er wäre ein Dichter, der die lärmende Stadt verlassen
und sich zurückgezogen habe, um seine Gedanken
aufzuzeichnen und seine Eingebungen in Worte
zu fassen. Viele waren überzeugt, daß er ein My-
stiker war, zufrieden mit der Welt des Geistes; die
meisten Leute aber waren der Meinung, daß er
einfach verrückt war.

Ich selbst konnte, was diesen Mann betraf, zu kei-
nem Schluß kommen, denn es war mir bewußt,
daß es in seinem Herzen ein großes Geheimnis ge-

ben mußte, dessen Enthüllung ich nicht reiner Spekulation überlassen wollte. Lange hatte ich auf eine Gelegenheit gehofft, diesen seltsamen Mann kennenzulernen. Auf den ungewöhnlichsten Wegen hatte ich versucht, seine Freundschaft zu gewinnen und mit seinen Auffassungen vertraut zu werden. Ich hatte mich bemüht, seine Geschichte zu erfahren und hatte ihn nach dem Sinn seines Lebens gefragt, aber meine Bemühungen waren vergeblich. Als ich ihn das erste Mal traf, ging er in der Nähe des Waldes mit den Heiligen Zedern des Libanon spazieren. Ich grüßte ihn mit ausgesuchten Worten, aber er erwiderte meinen Gruß nur mit einem leichten Neigen des Kopfes und ging weiter.

Bei anderer Gelegenheit fand ich ihn, als er in der Mitte eines kleinen Weingartens bei einem Kloster stand. Wieder ging ich auf ihn zu und sagte: «Die Dorfbewohner erzählen, daß dieses Kloster von einer Gruppe Syrer im vierzehnten Jahrhundert erbaut wurde. Wißt ihr etwas von seiner Geschichte?» Er antwortete kühl: «Ich weiß nicht, wer das Kloster erbaut hat, noch mache ich mir etwas aus solchem Wissen.» Und indem er mir seinen Rücken zuwandte, fügte er hinzu: «Warum fragt ihr nicht eure Großeltern, die älter sind und mehr über die Geschichte dieses Tales wissen als ich?» Ich verließ ihn im Bewußtsein, daß alles mißlungen sei.

So gingen zwei Jahre hin und das bizarre Leben dieses seltsamen Mannes zehrte an meinem Verstand und beunruhigte meine Träume.

II

An einem Tag im Herbst, als ich die Hügel in der Umgebung der Einsiedelei von Jussuf El Fachri durchstreifte, wurde ich plötzlich von starkem Wind und strömendem Regen überrascht. Der Sturm warf mich hierhin und dorthin wie ein Boot, dessen Steuer gebrochen und dessen Masten in der rauhen See zerborsten waren. Nur mit Mühe wandte ich meine Schritte in Richtung der Wohnstätte Jussufs und sprach dabei zu mir selbst: «Das ist eine Gelegenheit, wie ich sie lange gesucht habe: der Sturm wird mir Entschuldigung für mein Eintreten sein, während meine nassen Kleider einen guten Grund für mein Verweilen abgeben.»

Als ich die Einsiedelei erreichte, war ich in einem elenden Zustand. Ich klopfte an die Tür, und der Mann, nach dessen Anblick ich mich so sehr gesehnt hatte, öffnete. In einer Hand hielt er einen sterbenden Vogel, dessen Kopf verletzt und dessen Flügel gebrochen waren. Ich begrüßte ihn: «Ich bitte um Vergebung für mein lästiges Eindringen. Die Wut des Sturmes setzte mich gefangen, als ich weit von zu Hause entfernt war.» Er runzelte die Stirn und sagte: «In der Wildnis sind viele Höhlen, in denen ihr hättet Unterschlupf suchen können.» Aber er schloß die Tür nicht, und mein Herzschlag wurde schneller vor Erwartung, denn die Verwirklichung meines großen Wunsches schien nahe. Er begann sanft und mit äußerster Sorgfalt den Kopf des Vogels zu berühren und zeigte so eine Eigenschaft, von großer Wichtigkeit für mein Herz. Ich war überrascht, in dem Mann zwei so widersprüchliche Eigenschaften zu finden: Mitleid und Grausamkeit zur gleichen Zeit. Da wurde mir die gespannte Stille bewußt: er verübelte mir meine Gegenwart, ich ersehnte zu bleiben.

Es schien, er hatte meine Gedanken gespürt, denn er sah auf und sagte: «Der Sturm ist rein und ver-

10

zichtet darauf, gesäuertes Fleisch zu verzehren. Warum wollt ihr ihm entkommen?» Mit einem Anflug von Humor antwortete ich: «Der Sturm will vielleicht weder gesalzene noch gesäuerte Dinge, aber er ist geneigt, alle Dinge abzukühlen und hätte ohne Zweifel seine Freude daran, mich zu verzehren, wenn er meiner erneut habhaft werden könnte.» Sein Gesichtsausdruck war streng, als er erwiderte: «Der Sturm hätte Euch eine große Ehre erwiesen, derer ihr nicht würdig seid, wenn er euch verschlungen hätte.» Ich stimmte zu: «So ist es. Ich floh den Sturm, um nicht einer Ehre teilhaftig zu werden, die ich nicht verdient habe.» Er wandte sein Gesicht ab, um sein Lächeln zu verbergen. Dann ging er zu einer hölzernen Bank in der Nähe der Feuerstelle und lud mich ein, auszuruhen und mein Gewand zu trocknen. Ich konnte meine Begeisterung kaum verhehlen.

Ich dankte ihm und setzte mich, während er gegenüber auf einer steinernen Bank Platz nahm. Er begann seine Fingerspitzen in einen irdenen Krug, der eine Art Öl enthielt, zu tauchen und strich sanft über Kopf und Flügel des Vogels. Ohne aufzuschauen sagte er: «Der starke Wind ist schuld, daß dieser Vogel auf die Felsen zwischen Leben und Tod gefallen ist.» Ich entgegnete, indem ich den Vergleich fortführte: «Und der starke Wind sandte mich Umhergetriebenen an eure Tür, gerade rechtzeitig, um zu verhindern, daß mein Kopf verletzt und meine Flügel gebrochen würden.»

Er sah mich ernst an und sagte: «Ich möchte wünschen, daß die Menschen den Instinkt der Vögel hätten und es ist mein Verlangen, daß der Sturm die Flügel der Menschen brechen soll. Denn der Mensch neigt zu Angst und Feigheit und wenn er das Erwachen des Sturmes fühlt, kriecht er in die Spalten und Höhlen der Erde, um sich zu verstekken.»

Ich wollte die Geschichte seines selbstgewählten Exils erfahren, und so forderte ich ihn heraus: «Ja, die Vögel besitzen Ehre und Mut, wie der Mensch sie nicht besitzt... Der Mensch lebt im Schatten von Gesetzen und Sitten, die er sich selbst gemacht und geformt hat, aber die Vögel leben nach demselben ewigen Gesetz, das die Erde ihren mächtigen Lauf um die Sonne verfolgen läßt.» Seine Augen und sein Gesicht erhellten sich, als ob er in mir einen verständigen Schüler gefunden hätte.

«Ganz recht! Wenn ihr euren eigenen Worten Glauben schenkt, solltet ihr die Zivilisation mit ihren korrupten Gesetzen und Traditionen verlassen und leben wie die Vögel, an einem Ort, der frei ist von allen Dingen mit Ausnahme des herrlichen Gesetzes von Himmel und Erde.

Glauben ist etwas Schönes, aber diese Überzeugungen in die Tat umzusetzen, ist eine Herausforderung an die Kraft. Es sind ihrer viele, deren Rede dem Rauschen des Meeres gleicht, aber ihre Leben sind seicht und abgestanden wie die faulige Marsch. Es sind ihrer viele, die das Haupt über die Berggipfel erheben, aber ihr Geist bleibt verschlafen zurück in der Dunkelheit der Höhlen.» Er stand zitternd auf und setzte den Vogel auf ein gefaltetes Tuch beim Fenster.

Dann legte er ein Bündel getrockneter Äste ins Feuer und sagte: «Zieht eure Sandalen aus und wärmt eure Füße, denn Feuchtigkeit ist gefährlich für die Gesundheit des Menschen. Trocknet euer Gewand gut und macht es euch gemütlich.»

Jussufs fortgesetzte Gastfreundschaft ließ meine Hoffnungen wachsen. Ich näherte mich dem Feuer und der Dampf stieg aus meinem feuchten Gewand. Während er in der Tür stand und den grauen Himmel anstarrte, suchte mein Geist fieberhaft nach einem Anfang zu einem Gespräch über sein Schicksal. Schließlich fragte ich unschuldig: «Ist es lange her, seit ihr an diesen Ort gekommen seid?»

Ohne mich anzusehen, antwortete er ruhig: «Ich kam an diesen Ort, als die Erde wüst und leer war. Finsternis lag über dem Abgrund und der Geist Gottes schwebte über den Wassern.»

Ich war bestürzt über diese Worte. Bemüht, meine erschreckten und zerstreuten Sinne zu sammeln, sagte ich zu mir selbst: «Wie phantastisch dieser Mann ist! Wie schwierig ist doch der Weg, der zu seinem Wesen führt. Aber ich will vorsichtig, langsam und geduldig vorgehen, bis seine Zurückhaltung sich in Mitteilsamkeit verwandelt und seine Fremdartigkeit in Verstehen.»

III

Die Nacht breitete ihr dunkles Gewand über jene Täler, der Sturm heulte ohrenbetäubend und der Regen wurde stärker. Ich begann mir vorzustellen, daß die Sintflut wiederkäme, um das Leben zu vernichten und den Unrat der Menschen von Gottes Erde zu waschen.

Es schien, daß der Aufruhr der Elemente in Jussufs Herz jene Ruhe hervorgerufen hatte, die häufig als Reaktion auf einen Temperamentsausbruch kommt und Alleinsein in Geselligkeit verwandelt. Er zündete zwei Kerzen an und stellte einen Krug Wein und ein großes Tablett mit Brot, Käse, Oliven, Honig und getrockneten Früchten vor mich hin. Dann setzte er sich neben mich, und nachdem er sich für die geringe Menge – nicht für die Einfachheit – der Speisen entschuldigt hatte, lud er mich ein, mit ihm zu essen.

Wir teilten das Mahl schweigend, in gegenseitigem Verstehen und lauschten dem Heulen des Windes und dem Klagen des Regens. Ich betrachtete sein Gesicht, bemühte mich, seine Geheimnisse aufzudecken und sann über alle möglichen Motive für seine ungewöhnliche Lebensart nach. Als er gegessen hatte, nahm er einen Kupferkessel vom Feuer und goß reinen, aromatischen Kaffee in zwei Schalen. Dann öffnete er eine kleine Schachtel, bot mir eine Zigarette an und sprach mich mit «Bruder» an. Ich brauchte eine Weile, um meinen Kaffee zu trinken und traute meinen Augen nicht.

Er sah mich lächelnd an, und nachdem er tief an seiner Zigarette gezogen und einige Schluck Kaffee genommen hatte, sagte er: «Zweifellos denkt ihr darüber nach, daß ich hier Wein, Tabak und Kaffee habe und ihr mögt euch wohl auch über meine Nahrung und meine Annehmlichkeiten wundern. Eure Neugierde ist berechtigt, in jeder Richtung, denn ihr seid einer von den vielen, die glauben, daß, wenn man entfernt von den Menschen lebt, man abseits des Lebens steht und sich jede Freude des Lebens versagen muß.» Ich beeilte mich, zuzustimmen: «Ja, so erzählen es die Weisen, daß, wer die Welt verläßt, um Gott allein zu dienen, alle Freude und Fülle des Lebens hinter sich läßt und sich zufrieden gibt mit den einfachen Gaben Gottes. Und seine Nahrung wird aus Pflanzen und Wasser bestehen.»

Nach einer gedankenvollen Pause meinte er: «Ich hätte Gott dienen können, als ich unter seinen Geschöpfen lebte, denn Gottesdienst verlangt nicht nach Einsamkeit. Ich habe die Menschen nicht verlassen, um Gott zu schauen, denn ich sah ihn stets im Hause meiner Eltern. Ich verließ die Menschen, weil ihre Natur zu meiner in Widerspruch stand und ihre Träume nicht die meinen

waren... Ich verließ die Menschen, weil ich herausgefunden hatte, daß das Rad meiner Seele sich
in eine Richtung drehte und dabei an den Rädern
der anderen Seelen scheuerte, die sich in eine
andere Richtung bewegten. Ich verließ die Zivilisation, denn ich betrachte sie als einen alten und
faulen Baum, stark und furchtbar zugleich, ein
Baum, dessen Wurzeln in der Dunkelheit der
Erde verankert waren und dessen Äste über die
Wolken hinausreichen. Aber seine Blüten sind
von Geiz, Bosheit und Verbrechen und seine
Früchte sind Kümmernis, Elend und Furcht.
Kreuzfahrer haben versucht, Gutes hineinzumi-
schen und sein Wesen zu verändern, aber es ist
ihnen nicht gelungen. Sie starben enttäuscht, ver-
folgt und zerrissen.»

Jussuf lehnte sich an die Wand neben dem Feuer,
als ob er den Eindruck seiner Worte auf mein
Herz abwarten wolle. Ich hielt es für das beste, in
der Rolle des Zuhörers zu verbleiben und er fuhr
fort: «Nein, ich habe die Einsamkeit nicht gesucht,
um zu beten und das Leben eines Eremiten zu
führen... denn Gebet, das der Gesang des Herzens
ist, wird die Ohren Gottes erreichen, selbst wenn
es vermischt ist mit dem Geschrei und dem Wei-

nen von tausend Stimmen. Das Leben eines Ein-
siedlers ist gleichbedeutend mit einer Marter des
Körpers und der Seele und dem Abtöten aller Be-
gierden, eine Lebensart, die mich abstößt, denn
Gott hat die Körper errichtet als Tempel für den
Geist und es ist unsere Sendung, das Vertrauen, das
Gott in uns gesetzt hat, zu verdienen und auf-
rechtzuerhalten.

Nein, mein Bruder, ich habe die Einsamkeit nicht
aus religiösen Gründen gesucht, sondern einzig
und allein deshalb, um die Menschen und ihre
Gesetze zu meiden und um ihren Lehren und Traditionen, ihren Ideen, ihrem Lärm und ihrem
Wehklagen zu entkommen.

Ich habe die Einsamkeit gesucht, um nicht die Ge-
sichter der Menschen sehen zu müssen, die sich
selbst verkaufen und für den selben Preis etwas er-
stehen, das noch niedriger ist, geistig und mate-
riell.

Ich habe die Einsamkeit gesucht, um nicht den
Frauen zu begegnen, die stolz einhergehen mit
tausend Lächeln auf den Lippen, während in der
Tiefe ihrer tausend Herzen nur eine Absicht
wohnt.

Ich habe die Einsamkeit gesucht, um mich vor jenen selbstzufriedenen Menschen zu verbergen, die das Hirngespinst ihres Wissens in ihren Träumen erblicken und dabei glauben, ihr Ziel erreicht zu haben.

Ich bin aus der Gesellschaft geflohen, um jenen aus dem Weg zu gehen, die ein Zerrbild der Wahrheit bei ihrem Erwachen sehen und in die Welt hinausschreien, daß sie den Kern der Wahrheit gefunden hätten.

Ich habe die Welt verlassen und die Einsamkeit gesucht, denn ich wurde es müde, jenen Höflichkeit zu erweisen, die glauben, Demut sei eine Art Schwäche, Mitleid eine Art Feigheit und Vornehmtun eine Form der Stärke.

Ich habe die Einsamkeit gesucht, denn meine Seele war des Zusammenseins mit Leuten müde, die ernsthaft glauben, daß Sonne, Mond und Sterne nur über ihren Schatzkammern aufgehen und nur in ihren Gärten untergehen.

Ich lief vor den Menschen davon, die die Würde offizieller Ämter suchen und dabei das irdische Schicksal anderer zerstören, indem sie ihnen goldenen Staub in die Augen streuen und ihre Ohren mit leerem Gerede erfüllen.

Ich verließ die Geistlichen, die nicht nach ihren

Predigten leben und etwas von den Menschen verlangen, das sie selbst nicht beherzigen.

Ich habe die Einsamkeit gesucht, denn niemals habe ich Freundlichkeit von einem menschlichen Wesen erfahren, wenn ich nicht den vollen Preis mit meinem Herz bezahlt habe.

Ich habe die Einsamkeit gesucht, denn ich hasse die großartige und furchtbare Einrichtung, die die Menschen Zivilisation nennen – diese symmetrische Ungeheuerlichkeit, erbaut auf dem fortdauernden Elend der menschlichen Rasse.

Ich habe die Einsamkeit gesucht, denn in ihr gibt es volles Leben für den Geist, für die Seele und für den Körper. Ich habe die endlosen Grasebenen gefunden, auf denen das Licht der Sonne liegt, wo die Blumen ihren Duft in den Raum atmen und wo die Bäche ihren Weg zum Meer singen. Ich habe die Berge entdeckt, auf denen ich das frische Erwachen des Frühlings fand, das farbenprächtige Sehnen des Sommers, die reichen Gesänge des Herbstes und das schöne Geheimnis des Winters. Ich kam in diese entlegene Ecke von Gottes Herrschaftsgebiet, denn ich hungerte danach, die Geheimnisse des Universums zu erfahren und mich dem Thron Gottes zu nähern.»

Jussuf atmete tief, als ob er eine schwere Bürde losgeworden wäre. Seine Augen leuchteten in seltsamem und magischem Schein und auf seinem strahlenden Gesicht erschienen Zeichen von Stolz, Willenskraft und Zufriedenheit.

Einige Minuten verstrichen, ich sah ihn gelassen an und erwog das Geheimnis, das mir anvertraut worden war. Dann wandte ich mich an ihn: «Ihr seid bei den meisten Dingen, die ihr gesagt habt, zweifellos im Recht. Durch eure Diagnose des Leidens der Gesellschaft habt ihr euch aber zugleich als guter Arzt erwiesen. Ich glaube, daß die kranke Gesellschaft bitter einen solchen Arzt nötig hat, der sie entweder heilt, oder tötet. Die unglückliche Welt erfleht eure Aufmerksamkeit. Ist es gerecht oder barmherzig, euch von einem leidenden Patienten zurückzuziehen und ihm eure Wohltat zu verweigern?»

Er starrte mich gedankenvoll an und sagte dann in seiner unzugänglichen Art: «Seit dem Beginn der Welt haben die Ärzte versucht, die Menschen vor ihren Übeln zu bewahren. Einige verwendeten Messer, andere Getränke, dennoch breitete sich die Pestilenz hoffnungslos aus. Ich möchte, daß der Patient sich damit zufrieden gibt, in seinem schmutzigen Bett zu bleiben und über seine schwärenden Wunden nachzudenken. Aber stattdessen streckt er seine Hände unter dem Gewand hervor und packt den Hals eines jeden, der zu Besuch kommt, und erstickt ihn. Welche Ironie! Der böse Patient bringt den Arzt um, dann schließt er die Augen und sagt zu sich selbst: ‹Er war ein großer Arzt!› Nein, Bruder, niemand auf der Welt kann der Menschheit helfen. Der Sämann, so weise und erfahren er auch sein mag, kann nicht bewirken, daß das Feld im Winter austreibt.»

Ich argumentierte weiter: «Der Winter der Menschen geht vorbei und es kommt der milde Frühling und sicherlich werden die Blumen auf den Matten blühen und die Bäche werden in ihren Tälern dahinspringen.»

Er runzelte die Stirn und sagte bitter: «Weh uns! Hat Gott das Leben der Menschen – die ganze Schöpfung – in Jahreszeiten eingeteilt wie das Jahr? Gibt es einen Stamm von Menschen, die in Gottes Geist und Wahrheit leben und die den Wunsch haben, erneut auf dem Angesicht der Erde zu erscheinen? Wird jemals die Zeit kommen, in der die Menschen Ruhe finden und sich mit dem Leben als solchem zufrieden geben, sich erfreuen am hellen Licht des Tages und an der friedlichen Stille der Nacht? Kann der Traum Wirklichkeit werden? Kann er es, nachdem die Erde mit menschlichem Fleisch bedeckt ist und durchtränkt vom Blut der Menschen?»

Jussuf stand da und hob den Arm gen Himmel, als ob er auf eine andere Welt zeigte. Dann fuhr er fort: «Das ist nichts als ein unnützer Traum für die Welt. Ich aber finde seine Erfüllung für mich selbst und was ich hier entdecke, füllt jeden Raum in meinem Herzen, in den Tälern und in den Bergen.» Er erhob seine eindringliche Stimme: «Die einzige Wahrheit, die ich kenne, ist das Schreien meines inneren Selbst. Ich lebe hier, während in den Tiefen meiner Existenz Hunger und Durst sind, und ich finde Freude, am Brot und Wein des Lebens teilzuhaben durch die Vasen die ich mache und mit meinen eigenen Händen forme. Aus diesem Grunde habe ich die Reihen der Menschen verlassen und bin hierher gekommen und werde hier bleiben bis zu meinem Ende!»

Er fuhr fort, aufgewühlt in seiner Behausung auf und ab zu gehen, während ich seine Worte bedachte und die Beschreibung der klaffenden Wunden der Gesellschaft überlegte. Wieder brachte ich eine taktvolle Kritik an: «Ich schätze eure Meinung und Absichten sehr hoch und betrachte eure Einsamkeit und Zurückgezogenheit voller Hochachtung, aber gleichzeitig bin ich mir bewußt, daß dieses arme Volk durch eure selbstgewählte Verbannung einen großen Verlust erlitten hat, denn es braucht einen verständigen Heilkundigen, der ihm in seinen Schwierigkeiten hilft und seinen Geist erweckt.»

Er schüttelte langsam seinen Kopf und sagte: «Dieses Volk ist wie alle Völker. Die Menschen sind aus demselben Stoff gemacht und unterscheiden sich nur im Äußeren, was keine Bedeutung hat. Das Elend unserer orientalischen Völker ist das Elend der Welt. Was im Westen Zivilisation heißt, ist nichts als eine andere Erscheinungsform tragischer Täuschung.

Heuchelei bleibt Heuchelei, auch wenn ihre Fingerspitzen bemalt und poliert sind. Betrug bleibt Betrug, auch wenn es sanft und fein ist, ihn zu berühren. Falschheit wird sich niemals in Wahrheit verwandeln, auch wenn sie in Seide gekleidet einher geht und in Palästen wohnt. Habgier wird niemals zur Zufriedenheit werden, noch Verbrechen zur Tugend. Die ewige Sklaverei durch Lehren, Sitten und Geschichte bleibt Sklaverei, auch wenn sie ihr Gesicht schminkt und ihre Stimme verstellt. Sklaverei bleibt Sklaverei in all ihrer Schrecklichkeit, auch wenn sie sich selbst Freiheit nennt.

Nein, mein Bruder, der Westen steht nicht höher als der Osten, noch ist der Westen dem Osten unterlegen, denn der Unterschied zwischen beiden ist nicht größer als der Unterschied zwischen Tiger und Löwe. Ich habe herausgefunden, daß es ein gerechtes und vollkommenes Gesetz gibt hinter dem Äußeren einer Gesellschaft, das Elend, Reichtum und Unwissen ausgleicht; dieses Gesetz bevorzugt kein Volk, noch unterdrückt es einen Stamm, um einen anderen reich zu machen.»

«Dann ist alle Zivilisation Selbstgefälligkeit und alles an ihr ist eitel!», rief ich aus. Er antwortete schnell: «Ja, Zivilisation ist Selbstgefälligkeit und alles an ihr ist eitel... Erfindungen und Entdeckungen sind nur Unterhaltung und Annehmlichkeit für den Körper, wenn er müde und abgespannt ist. Die Bewältigung der Entfernung und der Sieg über die Meere sind nur falsche Früchte, die die Seele nicht zufriedenstellen, noch das Herz speisen oder den Geist erheben, denn sie sind weit

von der Natur entfernt. Die Strukturen und
Theorien, die der Mensch Wissen nennt, sind
nichts als Fesseln und goldene Ketten, die er mit
sich herumschleppt; er erfreut sich an ihrem glänzenden Widerschein und an ihrem hellen Klang.
Sie sind ein fester Käfig, dessen Stäbe der Mensch
vor langer Zeit begonnen hat zu schmieden, ohne
daß er bemerkt hätte, daß er von innen her baut
und bald sein eigener Gefangener sein wird für die
Ewigkeit. Ja, eitel sind die Taten des Menschen
und eitel seine Ziele, alles ist eitel hier auf Erden.»
Er hielt inne und fügte dann langsam hinzu: «In
allen diesen Eitelkeiten des Lebens gibt es nur
eines, das der Geist liebt und wonach er sich sehnt.
Ein einziges, verwirrendes Ding.»
«Welches?», fragte ich mit bebender Stimme. Er
sah mich eine Minute lang an und schloß dann seine Augen. Er legte seine Hand auf seine Brust und
während sein Gesicht sich erhellte, sagte er mit
klarer ernster Stimme: «Es ist das Erwachen des
Geistes. Es ist ein Erwachen in den inneren Tiefen
des Herzens. Es ist eine überwältigende und großartige Kraft, die sich plötzlich auf das Bewußtsein
des Menschen senkt und seine Augen öffnet. Dann
sieht er das Leben mitten in einem schwindelerre-

genden Schauer brillianter Musik, umgeben von einer Sphäre hellen Lichtes. Der Mensch selbst ist wie eine Säule der Schönheit zwischen der Erde und dem Firmament. Es ist eine Flamme, die plötzlich im Geiste wütet und das Herz ausbrennt und reinigt, sie steigt empor über die Erde und schwebt im weiten Himmel. Es ist eine Freundlichkeit, die das Herz des Menschen umschließt, eine Freundlichkeit, mit der der Mensch alle verwirrt und alle enttäuscht, die sich gegen ihn stellen und mit der er gegen alle revoltiert, die sich weigern, ihren großen Sinn zu verstehen. Eine geheime Hand entfernte den Schleier von meinen Augen, als ich noch ein Mitglied der Gesellschaft war mitten in meiner Familie, unter meinen Freunden und meinen Landsleuten.

Oft war ich verwundert und sprach zu mir selbst: «Was ist das für ein Universum und warum bin ich anders als die Leute, die mich ansehen, und wie kann ich sie verstehen, wo habe ich sie kennengelernt und warum lebe ich unter ihnen? Bin ich ein Fremder unter ihnen oder sind sie fremd auf dieser Erde, die vom Leben erschaffen wurde, das mir die Schlüssel anvertraut hat?»

Plötzlich verstummte er, als ob er etwas sehe, was

sich vor langer Zeit zugetragen habe und das er nicht preisgeben wolle. Dann streckte er seinen Arm aus und flüsterte: «Das ist es, was mir vor vier Jahren geschehen ist, als ich die Welt verließ und an diesen unbewohnten Ort kam, um in der Wachheit des Lebens zu leben, mich an freundlichen Gedanken zu erfreuen und an der Schönheit der Stille.»

Er ging zur Tür und sah in die Tiefe der Dunkelheit, als ob er mit dem Sturm sprechen wolle. Aber seine Stimme zitterte als er sagte: «Es ist ein Erwachen des Geistes. Wer es kennt, kann es nicht in Worte fassen. Und wer es nicht kennt, wird niemals das bezwingend schöne Geheimnis des Lebens begreifen.»

IV

Eine Stunde war vergangen. Jussuf El Fachri ging mit langen Schritten im Zimmer auf und ab; von Zeit zu Zeit blieb er stehen und starrte in den unendlich grauen Himmel. Ich saß schweigend da und dachte über den seltsamen Gleichklang von Freud und Leid in seinem abgeschiedenen Leben nach.

Später, in der Nacht, kam er zu mir; er starrte lange in mein Gesicht, als ob er seinem Gedächtnis das Bildnis des Mannes einverleiben wolle, dem er die brennenden Geheimnisse seines Lebens anvertraut hatte. Mein Gesicht war in wildem Aufruhr, meine Augen von Nebel verhüllt. Er sagte ruhig: «Ich gehe jetzt, um mit dem Sturm durch die Nacht zu wandern, um die Nähe der Natur zu fühlen. Das ist eine Gewohnheit, an der ich im Herbst und Winter viel Freude habe. Hier ist Wein und Tabak. Bitte betrachtet mein Haus als das eure für die Nacht.»

Er hüllte sich in ein schwarzes Gewand und fügte lächelnd hinzu: «Ich bitte euch, die Tür gegen zudringliche Menschen abzusichern, wenn ihr am Morgen fortgeht. Ich habe vor, den Tag im Wald der Heiligen Zedern zu verbringen.» Dann wandte er sich zur Tür, in der Hand einen langen Wanderstab, und sagte abschließend: «Wenn euch der Sturm wieder einmal überrascht, wenn ihr hier in der Umgebung seid, dann zögert nicht, in dieser Einsiedelei Zuflucht zu nehmen… Ich hoffe, ihr werdet euch selbst lehren, den Sturm zu lieben und nicht zu fürchten… Gute Nacht, mein Bruder.»

Er öffnete die Tür und ging mit erhobenem Kopf hinaus in die Dunkelheit. Ich stand in der Tür, um zu sehen, welchen Weg er nahm, aber er verschwand schnell aus meinem Gesichtskreis. Einige Minuten lang hörte ich das Geräusch seiner Schritte auf den zerborstenen Steinen des Tales.

V

Der Morgen kam nach einer Nacht voll tiefen Nachdenkens. Der Sturm war vorüber, der Himmel war klar und Berge und Ebenen kosteten die warmen Sonnenstrahlen aus. Auf meinem Weg zurück zur Stadt fühlte ich das geistige Erwachen, von dem Jussuf El Fachri gesprochen hatte, und es tobte in jeder Fiber meines Wesens. Ich hatte das Gefühl, daß mein Zittern sichtbar sein müsse. Als ich mich beruhigt hatte, war alles um mich Schönheit und Vollkommenheit.

Und als ich die lärmenden Menschen erreichte und ihre Stimmen hörte und ihre Handlungen sah, hielt ich an und sagte zu mir selbst: «Ja, das geistige Erwachen ist das wichtigste im Leben eines Menschen und das einzige Ziel im Dasein. Ist nicht die Zivilisation in allen ihren tragischen Formen der erste Beweggrund für ein geistiges Erwachen? Wie kommt es dann, daß wir die Existenz der Materie leugnen wollen, wenn sie doch selbst ein unerschütterlicher Beweis für Anpassungsfähigkeit an die beabsichtigte Paßform ist? Die gegenwärtige Zivilisation mag ein vergängliches Ziel besitzen, aber das ewige Gesetz hat zu diesem Ziel eine Leiter angeboten, deren Stufen zu einem freien Wesen führen können.»

★

Ich sah Jussuf El Fachri niemals wieder. In meinen Bemühungen, mich um die Leiden der Zivilisation zu kümmern, hat mich das Leben im Spätherbst vorigen Jahres aus dem Nordlibanon vertrieben und ich muß im Exil leben in einem fremden Land, dessen Stürme zahm sind. Das Leben eines Einsiedlers in jenem Land ist eine Art heiliger Wahnsinn, denn auch dort ist die Gesellschaft krank.

DIE SEEJUNGFRAUEN

In den Weiten des Meeres, nahe den Inseln, über denen die Sonne aufgeht, ist eine tiefe Stelle. Dort, wo es Perlen im Überfluß gibt, lag der tote Körper eines Jünglings, umringt von Seejungfrauen in langem, goldenen Haar. Sie betrachteten ihn mit ihren tiefblauen Augen und sprachen zueinander mit ihren wohlklingenden Stimmen. Ihre Unterhaltung, in den Tiefen vernommen und von den Wellen an den Strand getragen, wurde mir von einer frischen Brise gebracht.

Eine von ihnen sagte: «Das ist ein Mensch, der gestern unsere Welt betrat, als unser Meer in Wut entbrannt war.»

Und die zweite sagte: «Nicht das Meer war in Wut entbrannt. Die Menschen, die behaupten, von den Göttern abzustammen, führten einen erbitterten Krieg und vergossen ihr Blut, bis das Wasser sich karminrot färbte. Dieses Menschenkind ist ein Opfer des Krieges.»

Die dritte meinte: «Ich weiß nicht, was Krieg ist,

aber ich weiß, daß die Menschen, nachdem sie sich das Land unterworfen hatten, angriffslustig wurden und beschlossen, auch das Meer zu beherrschen. Sie entwarfen ein seltsames Gefährt, das sie über das Wasser trug, worauf unser gestrenger Neptun in seiner Habgier ganz wütend wurde. Um nun Neptun zu besänftigen, begannen die Menschen, ihm Geschenke und Opfer darzubringen. Der leblose Körper vor uns ist das jüngste Geschenk der Menschen an unseren großen und furchtbaren Neptun.»

Die vierte erklärte: «Wie groß ist Neptun und wie grausam sein Herz! Wenn ich der Sultan des Meeres wäre, ich würde eine solche Bezahlung ablehnen... Kommt, wir wollen dieses Sühneopfer untersuchen. Vielleicht gewinnen wir eine Erkenntnis über die Wege der Menschen.»

Die Seejungfrauen näherten sich dem Jüngling, untersuchten seine Taschen und fanden nahe bei seinem Herzen eine Botschaft. Eine las sie laut den anderen vor:

Mein Geliebter

Es ist wieder Mitternacht geworden und ich habe keinen Trost als meine strömenden Tränen und nichts, um mich zu stärken, außer meine Hoffnung, daß Du zu mir zurückkehrst aus den blutigen Klauen des Krieges. Ich kann Deine Worte nicht vergessen, die Du zum Abschied sprachst: Jeder Mensch hat ein gewisses Maß an Tränen, die er zu treuen Händen gibt und die eines Tages zurückgegeben werden müssen.

Ich weiß nicht, was ich sagen soll, mein Geliebter, aber meine Seele will sich verströmen bis zum Austrocknen... meine Seele, die unter der Trennung leidet, aber getröstet ist durch die Liebe, die Schmerz zur Freude werden läßt und Kummer zum Glück. Als die Liebe unsere Herzen verband und wir den Tag vor uns sahen, an dem unsere Herzen vereinigt würden durch den mächtigen Atem Gottes, ließ der Krieg seinen furchtbaren Ruf ertönen und Du folgtest ihm, bestimmt von der Pflicht gegenüber den Führern.

Was ist das für eine Pflicht, die Liebende trennt und Frauen zu Witwen macht und Kinder zu Waisen? Was ist das für eine Vaterlandsliebe, die Kriege hervorruft und Königreiche durch Kleinigkeiten zerstört? Welcher Grund könnte mehr als nur geringfügig sein, wenn man ihn mit dem Wert eines Lebens vergleicht? Was ist das für eine Pflicht, die arme Dorfbewohner, die von den

Starken und den Söhnen des Adels als Nichts an-
gesehen werden, aufruft, für den Ruhm ihrer Un-
terdrücker zu sterben? Wenn die Pflicht den Frieden zwischen den Völkern zerstört und die Liebe
zum Vaterland die Ruhe des menschlichen Lebens
vertreibt, dann sollten wir sagen: ‹Friede sei mit
der Pflicht und der Vaterlandsliebe.›
Nein, nein, mein Geliebter! Schenk meinen Worten keine Beachtung! Sei tapfer und treu für Dein
Land… Hör nicht auf das Gerede eines jungen
Mädchens, das blind ist vor Liebe und verloren
vor Abschied und Alleinsein.
…Wenn die Liebe Dich mir in diesem Leben
nicht zurückgibt, dann wird sie uns sicher im
kommenden Leben vereinen.

Dein auf immer

✷

Die Seejungfrauen steckten das Schreiben in das
Gewand des Jünglings zurück und schwammen
still und traurig davon. Als sie sich weit genug
vom Leichnam des toten Soldaten entfernt hatten,
sammelten sie sich und eine von ihnen sagte:
«Noch härter als das grausame Herz Neptuns ist
das Herz der Menschen.»

IHR UND WIR

Wir sind die Söhne des Leides, ihr seid die Söhne der Lustbarkeit. Wir sind die Söhne des Leides und das Leid ist der Schatten eines Gottes, der in bösen Herzen keine Wohnstätte hat.
Wir sind leidvolle Geister und das Leid ist zu groß, um in kleinen Herzen Platz zu finden. Wenn ihr lacht, weinen wir und wehklagen. Wer einmal von seinen eigenen Tränen durchdrungen und gereinigt wurde, wird rein sein für immer.
Ihr versteht uns nicht, wir aber bieten euch unser Mitgefühl an. Ihr lauft mit dem Strom des Lebens um die Wette und haltet uns keines Blickes für würdig; wir aber sitzen am Ufer, sehen euch zu und lauschen euren seltsamen Stimmen.
Ihr versteht unser Rufen nicht, denn der Lärm des Tages erfüllt eure Ohren, die zugedeckt sind mit der harten Masse einer jahrelangen Gleichgültig-keit gegenüber der Wahrheit. Wir aber hören eure Gesänge, denn das Flüstern der Nacht hat das Innere eurer Herzen geöffnet. Wir sehen euch im

hellen Kegel des Lichts stehen, ihr aber könnt uns nicht sehen, denn wir verweilen in der Dunkelheit, die die Augen öffnet.

Wir sind die Söhne des Leides. Wir sind Poeten, Propheten und Musikanten. Für die Gottheit weben wir ein Gewand aus den Fäden unseres Herzens und die Hände der Engel füllen wir mit den Samen unseres inneren Selbst.

Ihr seid die Söhne des Strebens nach irdischem Vergnügen. Ihr legt eure Herzen in die Hände der Leerheit, denn die Berührung der Leerheit ist glatt und einladend.

Ihr nehmt Wohnung im Hause der Unwissenheit, denn in diesem Haus gibt es keine Spiegel, um eure Seelen zu betrachten.

Wir seufzen und unseren Seufzern entsteigt das Flüstern der Blumen, das Rascheln der Blätter und das Murmeln kleiner Bäche.

Wenn ihr euch über uns lustig macht, vermengt sich euer Hohn mit dem Zertrümmern von Schädeln, dem Rasseln von Ketten und dem Wehgeschrei aus den Abgründen. Wenn wir weinen, fallen unsere Tränen in das Herz des Lebens, so wie Tautropfen vom Auge der Nacht in das Herz der Morgendämmerung fallen. Wenn ihr lacht, ver-

strömt sich euer Hohngelächter wie Viperngift in
einer Wunde.

Wir weinen und fühlen mit dem elenden Wande-
rer und der bekümmerten Witwe. Ihr aber froh-
lockt und lächelt beim Anblick glänzenden Goldes.

Wir weinen, denn wir lauschen dem Klagen der
Armen und dem Gram der unterdrückten
Schwachen. Ihr aber lacht, denn ihr hört nichts als
das fröhliche Klingen der Weingläser.

Wir weinen, denn unser Geist ist getrennt von
Gott. Ihr aber lacht, denn eure Körper krallen sich
in Sorglosigkeit an die Erde.

★

Wir sind die Söhne des Leides und ihr seid die
Söhne der Lustbarkeit… Laßt uns das Ergebnis
unseres Leidens an den Taten eurer Lustbarkeit
messen, vor dem Angesicht der Sonne…

Ihr habt die Pyramiden auf den Herzen der Sklaven errichtet; die Pyramiden stehen nun da auf
dem Sand der Zeitalter zum Gedächtnis an unsere
Unsterblichkeit und eure Vergänglichkeit.

Ihr habt Babylon auf den Gebeinen der Schwa-

chen gebaut und die Paläste von Ninive auf den
Gräbern der Armen. Heute ist Babylon der Fuß-
abdruck eines Kamels im gleitenden Sand der
Wüste und seine Geschichte wird von den Völkern erzählt, die uns segnen und euch verfluchen.
Wir haben den wohltuenden Gesang Nahawands
auf den Saiten der Instrumente gespielt und be-
wirkt, daß der Geist des Geliebten in den Himmeln bei uns schwebt; wir haben das höchste Wesen in Worten und Taten gepriesen. Die Worte
wurden wie die Worte Gottes und die Taten wurden zur überwältigenden Liebe der Engel.
Ihr sucht das Vergnügen, dessen scharfe Klauen
tausende von Märtyrern in den Arenen Roms
und Antiochias zerrissen haben... Wir aber suchen die Stille, deren sorgsame Finger die Ilias, das
Buch Hiob und die Klagen des Jeremias aufge-
zeichnet haben...
Ihr legt euch nieder zur Lust, deren Stimme viele
tausende Prozessionen von Frauenseelen hinweg-
gefegt hat in die Höhle der Schande und des
Schreckens... Wir aber umarmen die Einsamkeit,
aus deren Schatten Hamlet und Dante hervorka-
men.
Ihr buhlt um die Gunst der Habgier und die

scharfen Schwerter der Habgier haben tausende Flüsse Blutes vergossen... Wir aber suchen Gemeinschaft mit der Wahrheit, und die Hände der Wahrheit haben Wissen vom Kreis des Lichts gebracht.

★

Wir sind die Söhne des Leides und ihr seid die Söhne der Lustbarkeit. Zwischen unserem Leid und eurer Lustbarkeit liegt ein rauher und enger Pfad, auf dem eure feurigen Pferde nicht vorwärtskommen und eure großartigen Kutschen keine Durchfahrt finden.

Wir schätzen eure Kleinheit gering, so wie ihr unsere Größe haßt. Und zwischen unserer Geringschätzung und eurem Haß steht bestürzt die Zeit.

Wir kommen zu euch als Freunde, ihr aber greift uns an wie Feinde. Und zwischen unserer Freundschaft und eurer Feindschaft liegt eine tiefe Schlucht, angefüllt mit Blut und Tränen.

Wir errichten euch Paläste, ihr aber schaufelt Gräber für uns. Und zwischen der Schönheit des Palastes und der Dunkelheit des Grabes wandert die Menschheit wie eine Schildwache mit eisernen Waffen.

Ihr bestreut euren Pfad mit Rosen, unser Bett aber
bedeckt ihr mit Dornen. Und zwischen den Rosen und den Dornen schlummert unruhig die
Wahrheit.

Seit dem Beginn der Welt habt ihr mit eurer ge-
wöhnlichen Schwachheit unsere sanfte Macht be-
kämpft. Und wenn ihr für eine Stunde über uns
triumphiert, dann quakt ihr laut lärmend wie die
Frösche des Wassers. Aber wenn wir euch über-
winden und für ein Zeitalter unterwerfen, verhal-
ten wir uns wie schweigende Riesen.

★

Ihr habt Jesus gekreuzigt und habt unter dem
Kreuz gestanden mit Gotteslästerung und Spott.
Er aber stieg vom Kreuz herab, überwand die Ge-
nerationen und wandelte unter euch als Held und
das Universum war erfüllt von seinem Ruhm und
seiner Schönheit.

Ihr habt Sokrates vergiftet und Paulus gesteinigt,
Ali Talib umgebracht und Madhat Pascha gemor-
det und dennoch sind sie unsterblich und bei uns
vor dem Angesicht der Ewigkeit.

Ihr aber lebt in der Erinnerung der Menschen wie

Leichen auf dem Angesicht der Erde; und ihr
könnt keinen Freund finden, der willens wäre,
euch zu begraben in die Dunkelheit des Nichts und
des Vergessens, die ihr auf Erden gesucht habt.

Wir sind die Söhne des Leides, und das Leid ist wie
eine volle Wolke, die die Menge mit Wissen und
Wahrheit überschüttet.

Ihr seid die Söhne der Lustbarkeit, und wie hoch
immer eure Lust reichen mag, nach den Gesetzen
Gottes muß sie von den Winden des Himmels
zerstört und ins Nichts zerstreut werden, denn sie
ist nur eine dünne, schwankende Säule von
Rauch.

DER DICHTER

Ich bin ein Fremder in dieser Welt, und mein Exil
ist voll harter Einsamkeit und schmerzlicher Ver-
lassenheit. Ich bin allein, aber in meinem Alleinsein denke ich über ein unbekanntes und zauber-
haftes Land nach und diese Betrachtungen füllen
meine Träume mit Ahnungen von einem großen,
fernen Land, das meine Augen nie gesehen haben.
Ich bin ein Fremdling unter meinen Leuten und
ich habe keine Freunde. Wenn ich jemanden sehe,
sage ich zu mir selbst: «Wer ist das und wieso kenne ich ihn? Warum ist er hier und welches Gesetz
hat mich mit ihm verbunden?»
Ich bin mir selbst fremd, und wenn ich meine
Zunge reden höre, wundern sich meine Ohren
über meine Stimme; ich sehe mein inneres Selbst,
wie es lächelt, weint, tapfer ist und angsterfüllt.
Meine Existenz ist erstaunt über mein Wesen,
während meine Seele mein Herz befragt. Ich aber
bleibe unerkannt, verschlungen von einer entsetz-
lichen Stille.

Meine Gedanken sind Fremdlinge für meinen Körper und während ich vor dem Spiegel stehe, sehe ich etwas in meinem Gesicht, das meine Seele nicht sieht, und finde etwas in meinen Augen, das mein inneres Selbst nicht findet.

Wenn ich mit leeren Augen durch die Straßen der lärmenden Stadt wandere, folgen mir die Kinder und rufen: «Da ist ein Blinder! Geben wir ihm einen Stock, damit er seinen Weg findet.» Wenn ich vor ihnen davonlaufe, treffe ich auf eine Gruppe junger Mädchen und sie greifen nach dem Saum meines Gewandes und sagen: «Er ist taub wie der Stein. Wir wollen seine Ohren mit der Musik der Liebe füllen.» Und wenn ich vor ihnen fliehe, zeigt eine Schar alter Leute mit zitternden Fingern auf mich und sie sagen: «Er ist ein Narr. Er hat seinen Verstand in der Welt der bösen Geister und Dämonen verloren.»

★

Ich bin ein Fremder in dieser Welt; ich habe das Universum von einem Ende bis zum andern durchstreift und konnte dennoch keinen Platz finden, um mein Haupt zur Ruhe zu legen; kein menschliches Wesen, das ich traf, habe ich gekannt, und kein Geschöpf wollte meinem Geist lauschen.

Wenn ich meine schlaflosen Augen in der Morgendämmerung aufschlage, sehe ich, daß ich in einer dunklen Höhle gefangen bin, von deren Decke die Insekten herabhängen und auf deren Boden die Vipern kriechen.

Wenn ich hinaustrete, um das Licht zu grüßen, folgt mir der Schatten meines Körpers, aber der Schatten meines Geistes geht mir voran und weist mir den Weg zu einem unbekannten Ort, sucht Dinge jenseits meines Verstehens und begreift Gegenstände, die keine Bedeutung für mich haben.

Zur Abendzeit kehre ich zurück, um auf meinem Bett zu liegen, das aus weichen Federn gemacht und mit Dornen gesäumt ist, und ich sinne nach, fühle beunruhigende und beglückende Wünsche und empfinde schmerzliche und freudenvolle Hoffnungen.

Um Mitternacht kommen die Seelen vergangener Zeiten und die Geister aus vergessenen Kulturen durch die Spalten der Höhle, um mich zu besuchen... Ich starre sie an und sie richten ihren Blick auf mich. Ich spreche mit ihnen und sie antworten mir lächelnd. Dann versuche ich, sie zu ergreifen, aber sie gleiten mir durch die Finger und verschwinden wie der Nebel, der über den See treibt.

*

Ich bin ein Fremder in dieser Welt, und in diesem Universum ist niemand, der meine Sprache versteht. In meiner Seele bilden sich plötzlich Muster einer bizarren Erinnerung, und meine Augen gebären seltsame Bilder und traurige Geister. Ich durchwandere die verlassenen Ebenen und betrachte die dahineilenden Bächlein, immer weiter hinauf von den Tiefen der Täler zu den Höhen der Berge. Ich beobachte, wie die nackten Bäume erblühen und Frucht tragen und ihre Blätter in einem Augenblick abwerfen und dann sehe ich, wie die Äste fallen und sich in gefleckte Schlangen verwandeln. Ich sehe, wie die Vögel in der Luft schweben, singend und wehklagend. Dann bleiben sie stehen, öffnen ihre Flügel und verwandeln sich in entkleidete Mädchen, mit langem Haar, die mich aus kohlschwarzen, betörenden Augen anblicken, die mich anlächeln, die vollen Lippen in Honig getaucht, und sie strecken ihre duftenden Hände nach mir aus. Dann steigen sie auf und verschwinden aus meinem Gesichtskreis wie ein Phantom und lassen am Firmament das Echo ihres Spottes und ihr höhnisches Gelächter zurück.

Ich bin ein Fremder in dieser Welt... Ich bin ein Poet, ich mache die Prosa des Lebens zur Dichtung und setze in Prosa, was das Leben dichtet.

Deshalb bin ich ein Fremder und werde fremd bleiben, bis die weißen und freundlichen Schwingen des Todes mich heimwärts tragen in mein schönes Land. Dort, wo Licht, Friede und Verstehen wohnen, will ich auf die anderen Fremdlinge warten, die von der milden Falle der Zeit aus dieser engen, dunklen Welt gerettet werden.

DIE GEHEIMNISSE DES HERZENS

Ein majestätischer Palast ruhte unter den Schwingen der stillen Nacht, wie das Leben unter dem Mantel des Todes. Darin saß ein Mädchen an einem Elfenbeinschreibtisch und lehnte ihren schönen Kopf an ihre weiche Hand wie eine verwelkende Lilie ihre Blütenblätter. Sie sah um sich wie ein armseliger Gefangener und bemühte sich, die Wände ihres Verließes mit ihren Augen zu durchdringen, um Zeuge des Lebens zu sein, das im Zuge der Freiheit einherschreitet.

Die Stunden gingen dahin, wie die Geister der Nacht oder wie eine Prozession, die das Klagelied ihres Leidens sang. Das Mädchen empfand ein Gefühl der Sicherheit, während sie so ihre Tränen in qualvoller Einsamkeit vergoß. Als sie die Schwere ihres Leidens nicht mehr länger ertragen konnte und zugleich das Gefühl hatte, im vollen Besitz der gehüteten Geheimnisse ihres Herzens zu sein, griff sie zur Feder. Sie vermischte Tränen mit Tinte auf dem Pergament und begann zu schreiben:

«Meine geliebte Schwester,

Wenn das Herz mit Geheimnissen überfüllt ist, die Augen von den beißenden Tränen zu brennen beginnen und die Rippen fast bersten von der wachsenden Gefangenschaft des Herzens – dann kann man aus solcher Wirrnis nur durch eine Sturzflut einen Ausweg finden.

Betrübte ergötzen sich am Wehklagen und Liebende finden Annehmlichkeit und Trost in Träumen. Die Bedrückten erfreuen sich am Mitgefühl. Ich schreibe Dir, denn mir ist zumute wie einem Poeten, der sich die Schönheit der Gegenstände, die er in Versen dichtet, vorstellt, und dabei von himmlischer Macht geleitet ist... Ich bin wie ein Kind aus den Reihen der Armen, das getrieben von bitterem Hunger um Essen weint. Ein Kind, das in seiner Not die Lage seiner armen, mitleidvollen, vom Leben besiegten Mutter ganz außer acht läßt.

Höre meine schmerzerfüllte Geschichte, geliebte Schwester, und weine mit mir, denn Schluchzen ist wie ein Gebet und die Tränen der Barmherzigkeit sind wie die Nächstenliebe, denn sie entspringen einer lebendigen, sensiblen und guten Seele und sind nicht umsonst vergossen. Es war der

Wille meines Vaters, als ich einen vornehmen und reichen Mann heiratete. Mein Vater war wie die meisten Reichen, deren einzige Freude am Leben darin besteht, ihren Reichtum zu vermehren, und die in Angst vor Armut noch mehr Gold in ihren Schatzkammern anhäufen und sich bei den Vornehmen einschmeicheln in Erwartung kommender schlechter Zeiten... Ich bin heute mit all meiner Liebe und meinen Träumen ein Opfer auf einem goldenen Altar, den ich hasse, und genauso bin ich das Symbol einer ererbten Ehre, die ich verachte.

Ich respektiere meinen Mann, denn er ist großzügig und freundlich zu allen. Er ist bemüht, mich glücklich zu machen und gibt all sein Gold aus, um meinem Herzen Freude zu bereiten. Ich aber habe herausgefunden, daß all diese Dinge nicht den Wert eines einzigen Augenblickes treuer und göttlicher Liebe besitzen. Mach Dich nicht lustig über mich, meine Schwester, denn ich bin jetzt eine Eingeweihte, was die Bedürfnisse eines Frauenherzens anlangt... dieses bebende Herz, das einem Vogel gleicht, der in den weiten Himmeln der Liebe fliegt... Es ist wie ein Gefäß, angefüllt mit dem Wein der Jahrhunderte, der für durstige

Seelen gepreßt wurde... Oder wie ein Buch, auf dessen Seiten man die Kapitel über Glück und Unglück, Freud und Leid, Lachen und Weinen nachlesen kann. Niemand kann dieses Buch lesen außer der treue Gefährte, der zugleich die andere Hälfte der Frau ist, für sie erschaffen vom Anbeginn der Welt.

Ja, ich bin zu einer Eingeweihten geworden unter den Frauen, wissend in den Entschlüssen der Seele und den Wegen des Herzens, denn ich habe begriffen, daß meine großartigen Pferde, schönen Kutschen, meine Truhen voll glitzernden Goldes und meine Vornehmheit nicht einen Blick aus den Augen jenes armen, jungen Mannes wert sind, der in Geduld wartet und die bittere Pein des Elends erduldet... dieser Jüngling wird unterdrückt vom grausamen Willen meines Vaters und wird gefangengehalten im engen, melancholischen Gefängnis des Lebens...

Bitte, meine liebe Schwester, sinne nicht nach Tröstungen für mich, denn das Unglück, das mich die Kraft meiner Liebe erkennen ließ, ist mein Trost. Nun freue ich mich unter Tränen und erwarte den kommenden Tod, der mich dorthin führen wird, wo ich den Gefährten meiner Seele finden und umarmen kann, wie ich es getan, bevor wir diese seltsame Welt betraten.

Denk nicht schlecht von mir, denn ich tue meine Pflicht als treues Weib und füge mich ruhig und geduldig in die Gesetze und Gewohnheiten der Menschen. Ich achte meinen Mann mit meinem Verstand, ich respektiere ihn mit meinem Herzen und verehre ihn mit meiner Seele, aber da ist etwas, das ich in mir zurückbehalten muß, denn Gott gab einen Teil meiner selbst meinem Geliebten, noch bevor ich ihn kannte.

Der Himmel hatte beschlossen, daß ich mein Leben mit einem Mann zubringe, der nicht für mich bestimmt ist, und ich vergeude in Stille meine Tage nach dem Willen des Himmels. Wenn die Tore der Ewigkeit sich nicht öffnen, dann bleibe ich zurück mit der schönen Hälfte meiner Seele; ich werde zurückblicken auf die Vergangenheit und diese Vergangenheit ist die Gegenwart... ich werde das Leben betrachten, wie der Frühling den Winter und die Schwierigkeiten des Lebens überdenken wie einer, der auf einem rauhen Pfad emporgestiegen ist und den Gipfel erreicht hat.»

★

An diesem Punkt hielt das Mädchen mit dem Schreiben inne, verbarg ihr Gesicht in den Händen und weinte bitterlich. Ihr Herz scheute davor zurück, der Feder seine heiligsten Geheimnisse anzuvertrauen; aber es nahm seine Zuflucht zu trockenen Tränen, die schnell verschwinden und sich mit dem freundlichen Äther vermengen, dem Hafen der Seele der Liebenden, der Heimat des Geistes der Blumen. Nach einem kurzen Augenblick nahm sie die Feder und fügte hinzu: «Kannst Du Dich an den Jüngling erinnern? Kannst Du Dir die Strahlen ins Gedächtnis rufen, die von seinen Augen ausgingen und die kummervollen Linien auf seinem Gesicht? Kannst Du Dich des Lachens entsinnen, das die Tränen einer Mutter verriet, die getrennt ist von ihrem einzigen Kind? Kannst Du Dir seine ernste Stimme zurückrufen, die war wie das Echo eines fernen Tales? Erinnerst Du Dich, wie er in Gedanken sehnsüchtig und ruhig auf manche Gegenstände blickte und in seltsamen Worten von ihnen sprach, dann seinen Kopf neigte und seufzte, als ob er Angst davor hätte, die Geheimnisse seines weiten Herzens zu enthüllen? Kannst Du Dich an seine Träume und Überzeugungen erinnern? Entsinnst Du Dich all dieser Eigenschaften in einem Jüngling, den die Menschheit zu ihren Kindern zählt? Mein Vater blickte ihn deshalb mit überlegenen Augen an, weil der Jüngling höher stand als irdische Habgier und ererbte Vornehmheit. Du weißt, geliebte Schwester, ich bin eine Märtyrerin in dieser entwürdigenden Welt und ein Opfer der Unwissenheit. Wirst Du mitfühlen mit einer Schwester, die in der furchtbaren Stille der Nacht sitzt, den Inhalt ihres inneren Selbst ausgießt und Dir die Geheimnisse ihres Herzens anvertraut? Ich bin sicher, Du wirst mit mir fühlen, denn ich weiß, daß auch Dein Herz die Liebe kennengelernt hat.»

★

Der heraufdämmernde Morgen fand das Mädchen, wie es sich dem Schlummer überließ in der Hoffnung, im Schlaf süßeren und helleren Träumen zu begegnen als im Wachen...

DER GEKREUZIGTE

(Geschrieben am Karfreitag)

Heute, sowie jedes Jahr an diesem Tag, wird der Mensch aufgeschreckt aus seinem tiefen Schlaf. Er steht vor dem Wahngebilde der Zeit und blickt mit tränenerfüllten Augen nach Golgotha, um Zeugnis abzulegen für Jesus von Nazareth, der ans Kreuz geschlagen wurde... Aber wenn der Tag um ist und der Abend herannaht, kehren die Menschen zurück, um vor ihren Götzen zu knien, die sie auf jedem Hügel, auf jedem Feld und auf jedem Handelsplatz errichtet haben.

Heute fliegen die Seelen der Christen auf den Schwingen der Erinnerung nach Jerusalem. Dort werden sie in Scharen stehen, sich auf die Brust schlagen und Ihn anstarren, Ihn, der mit Dornen gekrönt seinen Arm vor den Himmeln ausstreckt und durch die Schleier des Todes in die Tiefen des Lebens blickt...

Aber wenn der Vorhang der Nacht über der Büh-

ne des Tages fällt und das kurze Drama zu Ende
ist, werden die Christen in Gruppen zurückkeh-
ren und sich im Schatten des Vergessens zwischen
die Leintücher der Unwissenheit und Trägheit
niederlegen.

An diesem einen Tag des Jahres verlassen die Philosophen ihre dunklen Höhlen und die Denker
ihre kalten Zellen und die Dichter die Laube ihrer
Träume; alle stehen in Verehrung auf dem stillen
Berg und lauschen der Stimme eines jungen Mannes, der von seinen Mördern sagt: «Vater vergib
ihnen, denn sie wissen nicht, was sie tun.»

Aber wenn in der dunklen Stille die Stimmen des
Lichtes verlöschen, dann kehren die Philosophen,
die Denker und die Dichter in ihre engen Spalten
zurück und verhüllen ihre Seelen in bedeutungs-
losen Pergamentblättern.

Frauen, die sonst mit den Herrlichkeiten des Lebens voll beschäftigt sind, werden sich am heuti-
gen Tag von ihren Polstern erheben, um eine
kummervolle Frau unter dem Kreuz stehen zu sehen, wie ein zartes Zweiglein vor dem Wüten des
Sturmes. Und wenn sie sich ihr nähern, wird tiefes
Stöhnen und schmerzvoller Gram an ihr Ohr
dringen.

Die jungen Männer und Frauen, die mit dem
Strom der modernen Zivilisation um die Wette
laufen, werden heute für einen Augenblick inne-
halten und zurückblicken, um die junge Magda-
lena zu sehen, die mit ihren Tränen die Blutflek-
ken von den Füßen eines heiligen Mannes wäscht,
der zwischen Himmel und Erde aufgehängt ist.
Wenn ihre Augen genug von dem Anblick haben,
werden sie gehen und bald wieder lachen.
An diesem Tag des Jahres erwacht die Menschheit
zusammen mit dem Frühling und steht weinend
unter dem leidenden Mann aus Nazareth. Dann
schließt sie ihre Augen und überläßt sich einem
tiefen Schlummer. Aber der Frühling bleibt wach,
lächelnd schreitet er fort bis er in den Sommer
übergeht, angetan mit einem wohlriechenden,
goldenen Gewand. Die Menschheit aber gehört zu
den Trauernden, die Wohlgefallen finden im Be-
klagen von Erinnerungen und vergangenen Hel-
den... Wenn die Menschheit im Besitze eines hö-
heren Verständnisses wäre, würde sie über ihr Heil
jubeln. Die Menschheit aber ist wie ein Kind, das
voll Lust neben einem verwundeten Tier steht.
Die Menschheit verharrt lachend vor dem an-
wachsenden Strom, der die trockenen Äste eines

Baumes in die Vergessenheit spült, und mit sich alle Dinge, die nicht fest sind, hinwegreißt.

Die Menschheit betrachtet Jesus von Nazareth als einen von den Armen, der wie so viele Arme Elend und Demütigung erfahren hat. Jahrhundertelang hat die Menschheit die Schwachheit in der Person des Erlösers verehrt.

Der Mann aus Nazareth war nicht schwach. Er war stark und ist es noch heute. Nur die Menschen weigern sich, die wahre Bedeutung seiner Kraft anzuerkennen.

Jesus hat nie in Angst gelebt, noch ist er leidend oder voller Klagen gestorben... Er lebte als Führer, er wurde gekreuzigt als Kreuzfahrer, er starb mit einem Heldenmut, der seine Mörder und Peiniger das Fürchten lehrte.

Jesus war kein Vogel mit gebrochenen Schwingen. Er hielt einem Sturm stand, der alle schwachen Flügel brach. Er fürchtete weder seine Verfolger noch seine Feinde. Er litt nicht durch seine Mörder. Er war frei, tapfer und mutig. Er trotzte allen Despoten und Unterdrückern. Er sah die anstekkenden Eiterbeulen und schnitt sie weg... Er brachte das Böse zum Verstummen, er zertrümmerte die Falschheit und erstickte den Verrat.

Jesus kam nicht aus dem Inneren des Lichtes, um die Wohnungen zu zerstören und auf ihren Ruinen Klöster und Abteien zu errichten. Er überredete nicht die Starken, Mönche oder Priester zu werden. Er kam, um einen neuen Geist auf diese Erde zu senden mit der Kraft, die Grundfesten eines jeden Reiches zu erschüttern, das auf Gebeinen und Totenköpfen von Menschen errichtet ist... Er kam, um die majestätischen Paläste einzureissen, die auf den Gräbern der Schwachen errichtet sind; er kam, um die Götzen zu stürzen, die auf Kosten der Armen ihre Tempel erbauten. Jesus wurde nicht gesandt, um die Menschen zu lehren, wie man großartige Kirchen und Heiligtümer inmitten kalter, elender Hütten und düsterer Schuppen erbaut... Er kam, um die Herzen der Menschen zu Tempeln zu machen, ihre Seelen zu Altären und ihren Geist zu Priestern.

Das war die Sendung des Jesus von Nazareth, und das sind die Lehren, für die er gekreuzigt wurde. Wenn die Menschheit weise wäre, würde sie heute dastehen und mit voller Kraft den Gesang des Sieges und die Hymne des Triumphes singen.

★

Oh, gekreuzigter Jesus, der du schmerzerfüllt
von Golgotha auf die traurige Prozession der
Zeiten blickst, das Geschrei der unterdrückten
Völker hörst und die Träume der Ewigkeit
verstehst...

Du bist am Kreuze glorreicher und würdevoller
als tausend Könige auf tausend Thronen in tausend Königreichen...

Du bist im Todeskampf mächtiger als tausend Ge-
neräle in tausend Kriegen...

In deinem Schmerz bist du freudvoller als der
Frühling mit seinen Blumen...

In deinem Leid bist du von größerer Tapferkeit als
die Engel des Himmels mit ihrem Weinen...

Vor deinen Peinigern bist du fester als ein Berg
von Fels...

Deine Dornenkrone ist strahlender und feiner als
die Krone Bahrams... die Nägel, die deine Hände
durchbohren, sind schöner als das Zepter Jupiters.
Die Blutflecken auf deinen Füßen sind glänzender
als das Geschmeide der Ischtar.

Vergib den Schwachen, die heute um dich klagen,
denn sie wissen nicht, daß sie besser sich selbst be-
klagen sollten...

Vergib ihnen, denn sie wissen nicht, daß du den

Tod durch den Tod besiegt und den Toten das Leben geschenkt hast...

Vergib ihnen, denn sie wissen nicht, daß deine Kraft sie stets erwartet...

Vergib ihnen, denn sie wissen nicht, daß jeder Tag dein Tag ist.

GEDANKEN DER TRAURIGKEIT

Das Leiden vieler ist wie der Todeskampf voll
nagender Pein und im Mund der Gesellschaft sind
viele Zähne, die verfallen. Aber die Gesellschaft
lehnt ein wirksames und dauerndes Heilmittel ab.
Sie gibt sich damit zufrieden, das Äußere zum
Glänzen zu bringen mit funkelndem, glitzerndem
Gold, das die Augen blind macht für den Verfall,
der dahinter liegt. Aber der Kranke kann die
Augen nicht ganz vor dem andauernden Schmerz
verschließen.

Es gibt viele Zahnärzte der Gesellschaft, die nur
Vollstrecker des Bösen in der Welt sind. Sie bieten
Kronen voll Schönheit an, und groß ist die Zahl
der Leidenden, die sich dem Willen der Verbesse-
rer unterwerfen. Sie vergrößern dabei ihre eigene
Qual, nehmen in Selbsttäuschung immer mehr
ihre dahinschwindende Kraft in Anspruch, bis hin
zum Abgrund des Todes.

Die verfaulenden Zähne Syriens sind in den Schu-
len zu finden, in denen man die Jugend von heute

lehrt, zum Jammer des Morgen zu werden. Oder in den Gerichten, in denen die Richter das Gesetz drehen und wenden, wie der Tiger seine Beute. Und in den Palästen, in denen Falschheit und Heuchelei regieren. Und in den Hütten der Armen, in denen Furcht, Unwissenheit und Feigheit wohnen.

Die politischen Zahnärzte gießen Honig in die Ohren der Menschen und behaupten, damit die Spalten der Schwachheit des Volkes zu füllen. Ihr Gesang klingt feiner als das Geräusch des Mühlsteines, aber in Wahrheit ist er um nichts besser als das Quaken der Frösche im stehenden Wasser.

Es gibt viele Denker und Idealisten in dieser Welt voll Leerheit... und wie schwach sind ihre Träume!

★

Schönheit gehört zur Jugend, aber die Jugend für die diese Erde geschaffen wurde, ist nichts als ein Traum, dessen Süße der Blindheit hörig ist, die ihr wahres Gesicht zu spät zeigt. Wird je der Tag anbrechen, an dem die Weisen die süßen Träume der Jugend und die Freude der Erkenntnis verbinden

63

werden? Jeder allein für sich ist nichts. Wird je der Tag anbrechen, an dem die Natur zum Lehrmeister des Menschen wird und das Leben selbst zu seiner Schule?

Die Freude der Jugend – mächtig in ihrem Überschwang und mild in ihrer Verantwortungsbereitschaft – kann nicht zur Erfüllung werden, bis nicht Wissen das Dämmern dieses Tages verkündet.

Viele Männer verfluchen bitter die toten Tage ihrer Jugend. Viele Frauen verabscheuen ihre vertanen Jahre mit der Verbitterung einer Löwin, die ihre Jungen verloren hat. Viele Jünglinge und Mädchen machen ihre Herzen nur zur Scheide für die Schwerter bitterer Erinnerung und durch ihre Unwissenheit verwunden sie sich selbst mit den giftigen und spitzen Pfeilen, die das Glück zerstören.

Das Alter ist der Schnee der Erde. Durch Licht und Wahrheit muß es den unterirdischen Samen Wärme geben und sie beschützen, bis der Nisan kommt und das keimende, reine, junge Leben mit neuem Erwachen erfüllt.

Wir gehen zu langsam dem Erwachen des Geistes entgegen; und doch ist nur diese Sphäre, endlos wie das Firmament, ein Begreifen der Schönheit des Seins durch unsere Liebe zu dieser Schönheit.

★

Das Schicksal riß mich im schmerzhaften Strom der modernen, engbegrenzten Zivilisation aus den Armen der Natur und ihrem kühlen, grünen Hafen. Es warf mich rauh der Menge vor die Füße und ich fiel den Qualen der Stadt zum Opfer. Keine härtere Strafe hat je ein Kind Gottes getroffen. Kein härteres Exil wurde je einem Menschen zuteil, der einen Grashalm mit einer Glut zu lieben imstande ist, die jede Fiber seines Wesens erzittern läßt. Keine Haft, zu der je ein Gefangener verurteilt wurde, kam in ihrer Beengtheit dem Elend meiner Gefangenschaft gleich, denn die engen Wände meines Kerkers zerreiben mein Herz. Es mag sein, daß wir reicher an Gold sind als die Dorfbewohner, sie sind hingegen unendlich viel reicher an wahrem Leben. Wir säen viel, aber wir ernten nichts. Sie ernten den glorreichen Überfluß, den die Natur den fleißigen Kindern Gottes zur Belohnung schenkt. Wir berechnen in Schlauheit jeden Tauschhandel, sie nehmen die Gaben der Natur ehrenhaft und in Frieden an. Wir schlafen unruhig im Angesicht der Geister des Morgen. Sie schlafen wie ein Kind an der Brust seiner Mutter in der Gewißheit, daß die Natur das Gewohnte nie verweigert.

Wir sind Sklaven der Gewinnsucht. Sie sind Meister der Zufriedenheit. Wir trinken Bitterkeit, Verzweiflung, Furcht und Müdigkeit aus dem Kelch des Lebens. Sie schlürfen reinen Nektar im Segen Gottes.

Oh, Spender der Gnaden, verborgen vor mir hinter diesen Häusern der Menge, die nichts sind als Götzenbilder... Höre den angsterfüllten Schrei meiner gefangenen Seele! Höre die Wehklagen meines berstenden Herzens! Hab Mitleid und gib dein Kind den Hügeln und Tälern zurück, die deine Wohnstätte sind!